Cuatro grandes
CIUDADES

Antes y ahora

Por Margaret Lysecki

CELEBRATION PRESS
Pearson Learning Group

The following people from **Pearson Learning Group**
have contributed to the development of this product:

Joan Mazzeo, Jennifer Visco **Design** | **Editorial** Carlos A. Byfield, Leslie Feierstone-Barna
Gina Konopinski-Jacobia **Marketing** | **Production/Manufacturing** Lorraine Allen, Mark Cirillo
Content Area Consultant Dr. Linda Greenow

The following people from **DK** have
contributed to the development of this product:

Art Director Rachael Foster

Martin Wilson **Managing Art Editor** | **Managing Editor** Marie Greenwood
Kath Northam **Design** | **Editorial** Jennie Morris
Helen McFarland **Picture Research** | **Production** Gordana Simakovic
Richard Czapnik, Andy Smith **Cover Design** | **DTP** David McDonald

Dorling Kindersley would like to thank: Shirley Cachia and Rose Horridge in the DK Picture Library; Ed Merritt in DK Cartography;
Johnny Pau for additional cover design work; and Mariana Sonnenberg for additional picture research.

Picture Credits: Alamy Images: Dominic Burke 9b; Don Jon Red 7tl; Felix Stensson 23tr. Corbis: 11tl; David Ball 24–25; Bettmann 5bc, 9t, 10; Hulton-
Deutsch Collection 4br, 20ca; Scott Houston 15br; Hurewitz Creative 17; Louis K. Meisel Gallery 16cr; Schenectady Museum; Hall of Electrical History
Foundation 5tcr, 14b; Paul A. Souders 27br; Underwood & Underwood 1tr, 1bl, 2, 4tr, 22; Ron Watts 20–21; Chad Weckler 12–13; The Brett Weston
Archive 16b; Michael S. Yamashita 13t. DK Images: Mitchell Library, State Library of New South Wales 28tl. Mary Evans Picture Library: 8, 15bl. Getty
Images: Hulton Archive /Fox Photos 27bl, 28b. Masterfile UK: Rommel 23cbr. National Library of Australia: 26. Photolibrary.com: 6–7, 23cbl. Reuters:
Andrew Wallace 21b. Getty Images: Paul Souders 25tr; Space Frontiers /Taxi 45,c.
Jacket: Hulton Archive/Getty Images: front bl. Masterfile UK: Lloyd Sutton front t.

All other images: Dorling Kindersley © 2005. For further information see www.dkimages.com

Text Copyright © 2006 Pearson Education, Inc., publishing as Celebration Press, a division of Pearson Learning Group. Compilation
Copyright © 2005, 2006 Dorling Kindersley Ltd. All rights reserved. No part of this book may be reproduced or transmitted in any form
or by any means, electronic or mechanical, including photocopying, recording, or any information storage and retrieval system,
without permission in writing from the proprietors.

For information regarding licensing and permissions, write to Rights and Permissions Department, Pearson Learning Group,
299 Jefferson Road, Parsippany, NJ 07054 USA or to Rights and Permissions Department, DK Publishing,
The Penguin Group (UK), 80 Strand, London WC2R ORL.

Lexile is a U.S. registered trademark of MetaMetrics, Inc. All rights reserved.

ISBN: 0-7652-7749-2

Printed in the United States of America
1 2 3 4 5 6 7 8 9 10   09 08 07 06 05

1-800-321-3106
www.pearsonlearning.com

Contenido

Un mundo cambiante

Durante los años 1900, la población del mundo creció desde menos de 2,000 millones a más de 6,000 millones. En 1900, casi toda la población del mundo vivía en zonas rurales. Hacia 2000, más de la mitad de la población mundial vivía en zonas urbanas, es decir, ciudades.

A través de los años, el traslado de grandes números de personas a las ciudades ha presentado muchos retos. Las personas de las ciudades de ahora representan un aumento en la demanda de alimento, vivienda, vestimenta, mercancías y empleo. El transporte también es a menudo difícil, porque tantas personas tienen que trasladarse de un lugar a otro. Además, como tantos habitantes de las ciudades provienen de lugares tan diversos, éstos deben aprender a convivir con personas de otras culturas. Todas las ciudades afrontan el problema de satisfacer esas necesidades. Sin embargo, las personas de las ciudades lo han logrado de manera notable, trabajando juntos para superar estos desafíos.

En las siguientes páginas vas a leer acerca de cuatro ciudades: Londres, Nueva York, Toronto y Sydney. Descubrirás cómo estas ciudades cambiaron en los últimos cien años y cómo cada una de ellas se convirtió en una gran **metrópoli**.

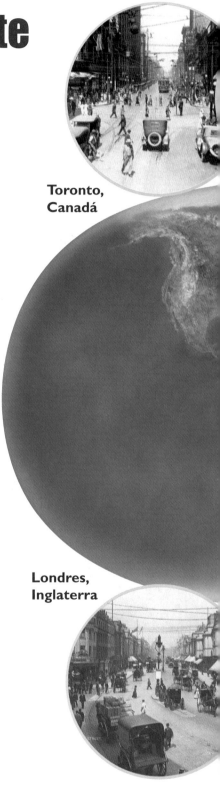

Toronto, Canadá

Londres, Inglaterra

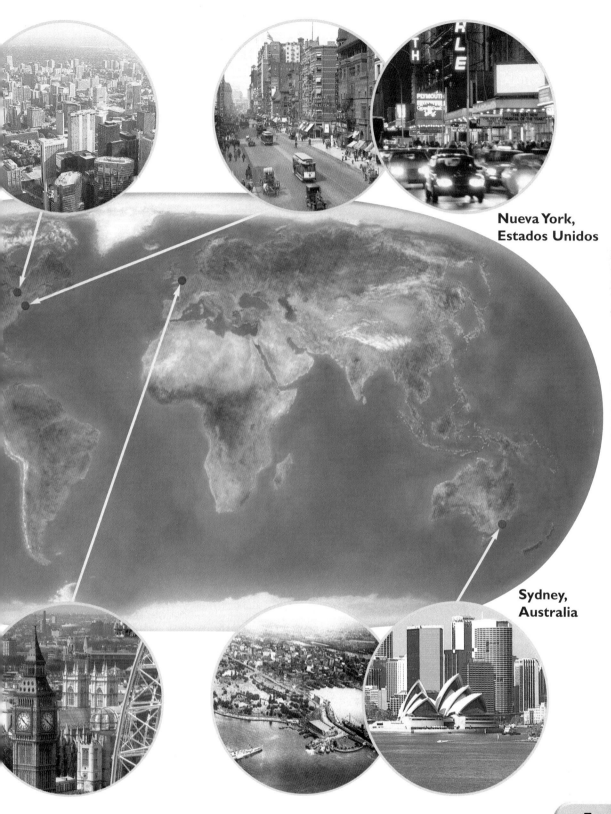

Nueva York,
Estados Unidos

Sydney,
Australia

5

Londres
De antiguo puerto a ciudad moderna

Hace 2,000 años, la ciudad de Londres era un puerto romano en el río Támesis. Hacia principios de los años 1900, Londres era una ciudad enorme. Su puerto era un lugar de mucho movimiento donde se **importaban** y **exportaban** mercancías. Londres tenía muchos talleres, fábricas y comercios exitosos. Grandes números de personas se trasladaban a Londres atraídas por las oportunidades de empleo. Las zonas muy urbanizadas de Londres pronto comenzaron a extenderse hacia los campos que la rodeaban. En 1900, esta enorme **zona metropolitana**, conocida como la Urbe Londinense, tenía una población de 6 millones y cubría un área de 620 millas cuadradas.

Para fines de los años 1900, la zona portuaria de la Urbe Londinense aún prosperaba como centro de importación y exportación de mercancías. A medida que los aviones, trenes y camiones se hacían más rápidos y eficientes, traían mercancías de todas partes del mundo. Hacia 2001, la población de la Urbe Londinense era de casi 7.2 millones.

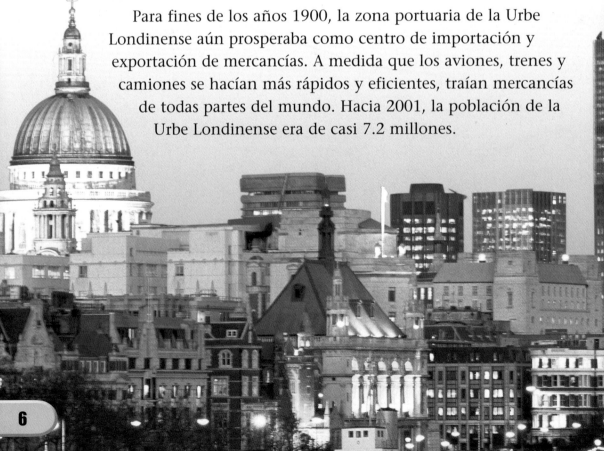

Londinenses

A principios de los años 1800, la mayor parte de las personas de Inglaterra vivían en el campo. Sin embargo, hacia 1900, más de las tres cuartas partes de la población vivía en ciudades o pueblos. Aproximadamente un quinto de estas personas habitaba en Londres y las áreas a su alrededor. Muchas personas llegaron de zonas rurales para trabajar en la ciudad. Otras llegaron del extranjero.

Muchos irlandeses escaparon en masa hacia Londres durante la Gran Hambruna de la Papa que duró de 1845 a 1849. Grandes cantidades de judíos llegaron a fines de los años 1800. Después de la Segunda Guerra Mundial, miles de personas **emigraron** desde las Antillas, Asia, África y el Oriente Medio. Estos nuevos londinenses cambiaron el carácter de la ciudad. Como resultado, Londres es hoy en día una apasionante ciudad **multicultural**.

Algunos de los **inmigrantes** asiáticos de Londres se asentaron cerca del Mercado de Brick Lane (arriba).

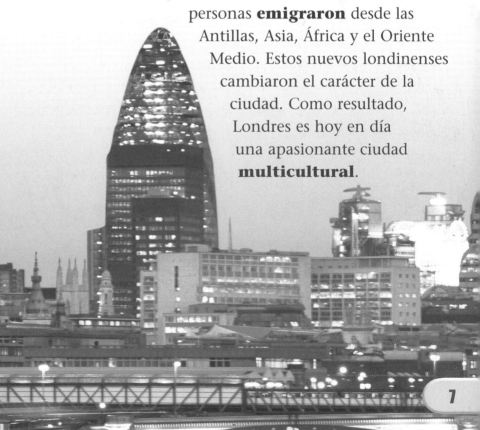

Industria

A mediados de los años 1800, Londres se enriqueció por medio del comercio con países de todas partes del mundo. Las personas encontraban empleo en los muelles, al cargar mercancías para su exportación y descargar las importadas. Algunas personas encontraban empleo en la **industria manufacturera**, la banca o la medicina.

Muchos de los obreros vivían en hileras de casas económicas, que se construían cerca unas a otras, a fin de albergar a tantas personas como fuera posible. A medida que se trasladan más personas, algunas de estas zonas se convirtieron en **barrios pobres**. Posteriormente, se construyeron viviendas más alejadas de la ciudad. Cuando se estableció el transporte público en los alrededores, muchas personas se trasladaron a estas nuevas zonas suburbanas y viajaban todos los días a su trabajo en la ciudad.

Los muelles del río Támesis bullían de actividad a principios de los años 1900.

Un grupo de niños juega en un barrio londinense pobre.

Con el paso del tiempo, las fábricas se trasladaron a las afueras de Londres. Las empresas que se quedaron en la ciudad manejaban los embarques de mercancías inglesas a otras partes del mundo. Los bancos extranjeros comenzaron a abrir oficinas en Londres. También comenzó a desarrollarse una gran industria de seguros.

Entre los años 1960 y 1980, disminuyó la actividad del puerto de Londres. Al mismo tiempo, la industria manufacturera inglesa también empezó a declinar, lo que dejó a muchos sin empleo. Sin embargo, con la gran población de Londres y el número creciente de turistas, la ciudad aún necesitaba de muchos trabajadores en las industrias de servicio, especialmente en el transporte, la atención médica y el entretenimiento. Hoy en día, Londres es uno de los centros **financieros** más importantes del mundo, una sede central de la banca internacional. También es la capital del Reino Unido y la sede del gobierno inglés.

En los años 1980, parte de los muelles de Londres se transformó en un elegante centro financiero y de medios de comunicación, conocido como Docklands.

Transporte

La apariencia de las calles de Londres en 1900 era muy diferente a lo que es en la actualidad. En aquel entonces, las calles estaban repletas de peatones y **autobuses**. Raramente se veían automóviles. Para evitar las calles llenas de gente, las personas usaban *"steamers"*, es decir, barcos de vapor, para viajar por el río Támesis. Estos *steamers* proporcionaban otra forma eficaz de transporte.

La gente también viajaba por tren hacia Londres. Los trenes llevaban a los trabajadores que viajaban todos los días desde las afueras a sus lugares de trabajo en la ciudad. En 1863, se inauguró en Londres el primer sistema ferroviario subterráneo del mundo. El subterráneo de Londres, también llamado *"the Tube"*, permitía a los pasajeros evitar el tráfico por las calles congestionadas al viajar por túneles subterráneos.

Esta foto de 1902 muestra autobuses, tranvías y peatones que cruzan el Puente Westminster.

Coche de caballos, 1884

Taxi negro, hoy en día

En la actualidad, se usan muchas formas de transporte por todo Londres. Las vías están congestionadas con el tráfico de automóviles. Muchos residentes y turistas viajan en los célebres autobuses rojos de dos pisos o en los taxis negros. Los trenes aún proporcionan servicio a miles de personas que viajan diariamente entre su lugar de residencia y su trabajo. Hoy en día, el subterráneo de Londres cuenta con más de 270 estaciones.

La ubicación de Londres también la convierte en un centro de transporte aéreo entre Europa y América del Norte. La ciudad cuenta con cinco aeropuertos para servir al viajero internacional. Su mayor aeropuerto, Heathrow, es también uno de los de mayor movimiento en el mundo. Cada año pasan por allí más de 64 millones de pasajeros.

Miles de autobuses de dos pisos recorren las calles de Londres.

Londres es aún una ciudad apasionante y fascinante, porque es histórica y moderna a la vez. La Torre de Londres, con casi 1,000 años de existencia, comparte la ciudad con el Ojo de Londres, el mayor punto giratorio de observación en todo el mundo, que abrió sus puertas en 2000. Estas dos famosas construcciones londinenses albergan entre ellas siglos de la historia británica.

Nueva York
De pequeña isla a metrópoli

En 1626, los holandeses compraron la isla de Manhattan, de 13 millas de longitud, a un grupo de indígenas norteamericanos. Los colonizadores holandeses la llamaron Nueva Ámsterdam. Posteriormente, los holandeses tuvieron que entregar la isla a los británicos, quienes la nombraron Nueva York. En 1898, los distritos de Queens, Brooklyn, Staten Island y el Bronx se unieron a Manhattan para formar la Ciudad de Nueva York.

Hacia 1900, miles de inmigrantes llegaban a diario a lo que ya era la ciudad más grande de Estados Unidos. Los planificadores municipales comenzaron a trabajar para proporcionar más espacio en el que la gente pudiera trabajar y vivir. Se construyeron edificios altos para acomodar a los trabajadores de la ciudad. En 1902, se completó el Edificio Flatiron, con veintiún pisos de alto. Fue el primero de los muchos edificios altos que formarían el horizonte de rascacielos de Manhattan.

Neoyorquinos

Para 1900, millones de personas habían inmigrado a Estados Unidos en busca de una mejor vida. Al entrar al país, la primera escala para muchos de esos inmigrantes fue Nueva York. Un gran número de ellos se quedó y contribuyó para hacer de Nueva York una ciudad diversa y multicultural. En esa época, más de la mitad de la población laboral de Nueva York había nacido en otro país.

Harlem tiene una población afroamericana grande.

A través de los años, miles de afroamericanos se trasladaron desde los estados sureños y se asentaron en Nueva York. Muchos de ellos vivían en Harlem, un vecindario en el norte de Manhattan que se convirtió en un centro de literatura, arte, baile y música afroamericanos. Hoy en día, los afroamericanos son un 25 por ciento de la población de Nueva York.

Los neoyorquinos actuales se enorgullecen de su ciudad. La mezcla de culturas la hace una ciudad apasionante y **cosmopolita**. Tanto el visitante como el neoyorquino nativo pueden oír una gran variedad de idiomas, probar platos del mundo entero y disfrutar de muchas experiencias culturales.

Industria

En los años 1900, Nueva York fue el centro de la industria de EE.UU. Pasaban más embarcaciones por su puerto que por ningún otro. Muchas fábricas se construyeron cerca del puerto para enviar mercancías al extranjero.

La gente se interesó en las artes y floreció la industria del entretenimiento. En Broadway, una avenida que atraviesa Manhattan, se instalaron muchos teatros. Hoy en día, el término *Broadway* se vincula con lo mejor del teatro y el género musical estadounidense.

Broadway es el centro del distrito teatral de Nueva York.

Esta foto muestra Broadway a principios de los años 1900.

En la actualidad, al ser sede de muchos bancos e instituciones financieras mundiales, Nueva York es el mayor centro comercial y financiero del mundo. En la famosa **bolsa de valores** de la ciudad, todos los días se compran, venden o canjean acciones. Nueva York es también un centro cultural. Muchas personas acuden a la ciudad para conocer las últimas tendencias en música, arte, moda y literatura. El distrito del vestido de Manhattan, donde se confecciona ropa, aún emplea a miles de personas. Nueva York es además un importante centro de medios de comunicación donde se publican muchos libros, revistas y periódicos. Estaciones de radio y televisión, así como muchas de las agencias de publicidad más importantes, tienen sus sedes en la ciudad. Dado que millones de turistas visitan anualmente Nueva York, muchas personas también trabajan en hoteles, restaurantes, galerías y museos.

Antes y ahora

Bolsa de Valores de Nueva York, 1895

Bolsa de Valores de Nueva York, hoy en día

Transporte

A principios de los años 1900, la gran población de Nueva York era un desafío para el transporte. Los carruajes tirados de caballos viajaban sobrecargados y las calles estaban muy congestionadas. Los planificadores construyeron un tren elevado, conocido como el "El", pero su ruido asustaba a los caballos, y caían cenizas y hollín en las calles.

Debido a estos problemas, los planificadores municipales decidieron construir bajo tierra. En 1904, se completaron las primeras 9 millas de vía del metro, un sistema ferroviario subterráneo. Hoy en día, el metro de Nueva York cuenta con más de 700 millas de vías y 450 estaciones. Más de 3.5 millones de personas viajan todos los días en el metro.

Antes de que existiera el metro (arriba), el "El", es decir, el tren elevado, transportaba a los neoyorquinos por toda la ciudad.

Los taxis amarillos de Nueva York se preparan para otro día de mucho movimiento.

A nivel de la superficie, los vehículos de motor reemplazaron eventualmente a los caballos y los tranvías eléctricos. Se construyeron nuevas carreteras y puentes para que la gente pudiera conducir con más facilidad por la vasta ciudad. En la actualidad, hay sesenta y cinco puentes y varios túneles que conectan los cinco distritos de la ciudad. También hay transbordadores que llevan a los trabajadores y turistas de un distrito a otro. En casi todas las esquinas se pueden ver los famosos taxis amarillos de la ciudad, que aparecieron por primera vez en 1907. El sonar de sus cláxones es un distintivo del ajetreo y bullicio de la vida en la ciudad.

Los neoyorquinos saben que la "Gran Manzana", como se apoda su ciudad, tiene mucho que ofrecer. Con su población tan diversa, sus altos rascacielos, sus vibrantes recursos culturales y su próspero distrito financiero, Nueva York es una de las ciudades más excepcionales del mundo.

Toronto
De "punto de encuentro" a ciudad próspera

Toronto está a orillas del Lago Ontario, uno de los cinco Grandes Lagos de América del Norte. Originalmente, el área era un puesto comercial francés. Los británicos asumieron control del lugar a finales de los años 1700, y en 1834 nombraron la ciudad *Toronto* (una palabra indígena norteamericana que significa "punto de encuentro").

Como Londres y Nueva York, Toronto creció a medida que llegaba gente en busca de una vida mejor. Para 1900, contaba con ferrocarriles, fábricas y un puerto. Sin embargo, en 1904, un incendio destruyó más de cien edificios. De esas ruinas surgió una nueva ciudad. Se construyeron edificios altos y se comenzó a formar el actual horizonte de rascacielos de Toronto.

En 1998, Toronto y las cinco comunidades que la rodean se unieron para formar una sola ciudad. La ciudad y las zonas vecinas ocupan 243 millas cuadradas. Hoy en día, Toronto es el hogar de casi 5 millones de personas.

Torontianos

La mayor parte de los primeros inmigrantes de Toronto eran británicos. Tras la Segunda Guerra Mundial, llegaron grandes cantidades de inmigrantes de otros países. Se les alentó a ser leales a su nueva patria, pero también a conservar su cultura nativa: una idea conocida como el "mosaico canadiense". Un mosaico es un dibujo o diseño que se compone de muchas piezas pequeñas. Cada pieza tiene su propia forma y color, pero también forma parte de un diseño mayor. Al acoger a más de ochenta grupos **étnicos** y cien idiomas, Toronto es una parte importante del mosaico canadiense.

El barrio chino de Toronto cuenta con una de las mayores poblaciones asiáticas en América del Norte.

Aunque hay comunidades bien diferenciadas, como la pequeña Italia, el barrio griego, la pequeña India y el barrio chino, hay también comunidades en que conviven muchas culturas diferentes. Hoy en día, los grupos inmigrantes de más rápido crecimiento provienen de países asiáticos. Estos nuevos canadienses han contribuido mucho a la cultura, el arte, la educación y el desarrollo industrial de la ciudad.

Los aserraderos del norte de Ontario ayudaron a hacer de Toronto la ciudad que es hoy en día.

Industria

Desde sus comienzos como centro del comercio de pieles, Toronto goza de una ubicación ideal para las empresas y el comercio. La apertura del Canal del Erie y la construcción de ferrocarriles condujeron al rápido crecimiento de la industria. Se construyeron aserraderos y tenerías, es decir, lugares donde las pieles de animales se convierten en cuero. A finales de los años 1800, crecía la agricultura comercial y se usaba la madera en la construcción de ciudades y pueblos.

El descubrimiento de oro, plata y otros minerales valiosos en el norte de Ontario tuvo un impacto importante en Toronto. Esto ayudó al desarrollo de la ciudad como centro de planificación, financiamiento y dirección de las operaciones mineras. Muchas de las extracciones mineras de Toronto abastecían a las industrias de Estados Unidos.

Las poderosas cataratas del Niágara generan hidroelectricidad. La electricidad que se produce abastece a muchas industrias.

En los años 1900 florecieron industrias nuevas. En Toronto se producían equipos eléctricos, sustancias químicas, automóviles, aluminio, pulpa de papel y papel, radios, electrodomésticos y aviones. Muchas de estas industrias dependían de la económica energía hidroeléctrica producida por las cataratas del Niágara, situadas a 69 millas de la ciudad.

En la actualidad, Toronto proporciona la sexta parte de todos los empleos de Canadá. Es la capital de la banca canadiense y la sede de la Bolsa de Valores de Toronto. Al igual que lo es Nueva York para Estados Unidos, Toronto es el centro de industria editorial de Canadá de habla inglesa.

Recientemente, se han producido muchas películas y programas de televisión en Toronto, lo que le ha ganado el título de "Hollywood del Norte". Toronto también se conoce por su producción de bebidas y alimentos, tecnología y farmacéuticos, es decir, medicamentos.

Toronto es un sitio popular para filmar películas y la ciudad patrocina un festival anual de cine.

Automóviles y tranvías eléctricos transportaban pasajeros por la calle Yonge.

Transporte

A principios de los años 1900, los torontianos se trasladaban de un lugar a otro en autobús, tranvía eléctrico o automóvil. Cuando las calles estaban cubiertas de nieve, las personas montaban en trineos tirados por caballos. La ciudad también cobraba cada vez mayor importancia como centro ferroviario. A mediados de los años 1900, Toronto y las zonas vecinas fueron los primeros lugares que usaron un sistema de control computarizado de tráfico.

En la actualidad, las autopistas de Toronto se extienden en todas las direcciones. El moderno sistema de tránsito de la ciudad incluye rutas de tranvías, autobuses y metro subterráneo. Este sistema conecta a residentes y visitantes con centros comerciales, espectáculos culturales y deportivos, y el centro de la ciudad. Trenes y autobuses suburbanos traen personas a la ciudad desde las zonas vecinas. Casi un cuarto de la fuerza laboral de la ciudad usa el transporte público, pero muchas personas prefieren los automóviles. Como en muchas grandes ciudades, los atascos de tráfico son frecuentes, y resolver este problema es un desafío continuo para los planificadores municipales.

La red de carreteras de Toronto es muy extensa.

Antes y ahora

Tranvía de Toronto, 1908

Tranvía de Toronto, hoy en día

A pesar de los muchos desafíos que afronta, esta ciudad por el agua conserva la simpatía de un pueblo pequeño. Es un lugar donde se encuentran personas de una gran variedad de culturas y orígenes para crear el "mosaico canadiense".

Sydney
De colonia-prisión a ciudad olímpica

En 1770, el capitán James Cook reclamó para Inglaterra toda la costa este de Australia y le dio el nombre de Nueva Gales del Sur. Más tarde, el gobierno británico determinó que Nueva Gales del Sur sería un lugar ideal para establecer una colonia **penal**. En 1788, una flota de barcos que transportaba a más de 1,000 personas, la mayoría de ellas presidiarios, arribó en la ensenada de Sydney.

Los presidiarios se hicieron la mano de obra de Sydney. A principios de los años 1800, algunos de ellos habían sido perdonados y se les dieron tierras para cultivar. En 1851, el descubrimiento de oro en Nueva Gales del Sur atrajo a miles de personas a la zona. En los años posteriores, Sydney prosperó. Se hicieron avances en el transporte y el puerto de la ciudad prosperó. Casi 150 años después, a Sydney se le otorgó el honor de ser la sede de los Juegos Olímpicos de Verano de 2000.

Sydneyanos

Sydney alberga la mayor población urbana de **pueblos aborígenes** de Australia. Los pueblos aborígenes han vivido en Australia por más de 50,000 años. Los eoras, o sea, los aborígenes australianos, fueron los primeros sydneyanos. Gran parte de la cultura aborigen se destruyó cuando los europeos llegaron a Australia. Sin embargo, hoy en día los aborígenes australianos celebran con orgullo su cultura mediante las narraciones, el baile y el arte.

La cultura tradicional aborigen es popular hoy tanto con turistas como australianos.

Muchos grupos han contribuido a la cara multicultural de Sydney. Por más de 150 años, la cultura de Sydney estuvo bajo la influencia de los inmigrantes europeos, especialmente los británicos. Tras la Segunda Guerra Mundial, llegaron a Sydney muchos inmigrantes de países europeos como Grecia e Italia. Más recientemente, personas de países asiáticos han enriquecido los vecindarios, celebraciones y restaurantes multiculturales de Sydney.

Industria

La tierra que rodea a Sydney es rica en minerales y metales. Gran parte del crecimiento inicial de Sydney se debió a la industria minera. La fiebre del oro en los años 1850 trajo a la ciudad grandes fortunas, así como más inmigrantes británicos e irlandeses. Aproximadamente al mismo tiempo, la industria minera del carbón creció de manera dramática con el descubrimiento de yacimientos ricos. La industria minera del carbón había comenzado en Australia en los años 1790, pero la producción aumentó tras estos descubrimientos. Para 1900, se extraía carbón mineral en lugares no muy lejos de Sydney como Lithgow, Newcastle y el distrito Illawarra.

La fiebre del oro de los años 1850 fue la primera de muchas en Australia. Estos buscadores de oro de los años 1880 aparecen junto a su cabaña.

Las actividades del Día de Australia en la bahía de Sydney atraen a visitantes de todas partes.

En la actualidad, la industria manufacturera de Sydney es tan importante como la minera. Las fábricas de Sydney producen de todo, desde ropa hasta equipos electrónicos. Un gran porcentaje de los productos de la nación se exporta a través de la bahía de Sydney.

Sydney también es uno de los destinos turísticos más populares de Australia, al atraer a más de 4 millones de visitantes anuales. Sydney es sede de las principales instituciones financieras de Australia y un floreciente centro comercial y de las artes. Además, Sydney y las áreas vecinas de Nueva Gales del Sur cuentan con un gran número de centros de investigaciones especializados en estudios médicos, agrícolas y acuáticos.

Antes y ahora

Surfistas de Sydney, 1931 **La playa Bondi, hoy en día**

Transporte

Hacia 1850, los planificadores ya sabían que Sydney iba a enfrentar problemas de transporte, a menos que se pudiera construir un puente que conectara la Costa Norte con el centro de la ciudad situado al sur de la bahía. La construcción del Puente de la Bahía de Sydney comenzó en 1926, y el puente se inauguró oficialmente ocho años después. Hoy en día, más de 150,000 vehículos cruzan diariamente el puente, mientras que grandes barcos pasan con facilidad por debajo del mismo. El Túnel de la Bahía de Sydney, construido en 1992, ofrece una vía alterna para viajar del norte al sur de la ciudad.

Tardaron ocho años en construir el Puente de la Bahía de Sydney.

SYDNEY BRIDGE CELEBRATIONS BE THERE!
MARCH 19th 1932

Una vez terminado, el Puente de la Bahía de Sydney revolucionó el transporte por toda la ciudad.

Conducir en la ciudad puede ser un desafío. El sistema de carreteras es confuso y el tráfico está a menudo congestionado. Afortunadamente, Sydney cuenta con un sistema de transporte público extenso y muy bien desarrollado. Un sistema ferroviario con vagones de dos pisos transporta a la gente desde y hasta el distrito comercial central. Un **monorriel** recorre una ruta panorámica a través de Sydney hasta la Bahía de Darling. Lo usan principalmente los turistas.

Por más de un siglo, los transbordadores han proporcionado un método de transporte práctico para cruzar la bahía. De día y de noche, se pueden ver mientras cruzan la bahía. Transportan a los sydneyanos a sus empleos y llevan a los turistas a los muchos lugares de interés alrededor de la bahía.

Esta foto muestra el monorriel al salir del centro de la ciudad, con la Torre de Sydney en el fondo.

Los transbordadores de la bahía proporcionan un viaje rápido y panorámico desde los suburbios hasta la ciudad.

Sydney atrajo la atención mundial cuando fue la sede de las Olimpiadas de Verano de 2000. Barcos y aviones con gente de todas partes del mundo llegaron a Sydney. Con su fascinante mezcla de cultura antigua y moderna, es verdaderamente una de las ciudades más maravillosas del mundo.

Apéndice Datos básicos

	Londres	Nueva York	Toronto	Sydney
Ubicación	sureste de Inglaterra, Reino Unido	Estado de Nueva York, Estados Unidos	Ontario, Canadá	Nueva Gales del Sur, Australia
Población aproximada, 2003 (Zona metropolitana)	7 millones	9 millones	5 millones	4 millones
Promedio de temperaturas en enero	39°Fahrenheit	33°Fahrenheit	24°Fahrenheit	73°Fahrenheit
Promedio de temperaturas en julio	63°Fahrenheit	74°Fahrenheit	71°Fahrenheit	56°Fahrenheit
Promedio de precipitación anual	30 pulgadas	44 pulgadas	32 pulgadas	48 pulgadas
Lugares de interés	• Museo Británico • Palacio de Buckingham • Ojo de Londres • Torre de Londres • Abadía de Westminster	• Parque Central • Coney Island • Edificio Empire State • Museo Metropolitano de Arte • Estatua de la Libertad	• Torre CN • Harbourfront • Centro de Ciencias de Ontario • Museo Real de Ontario • SkyDome	• Playa Manly • Museo Powerhouse • Puente de la Bahía de Sydney • Ópera de Sydney • Zoológico Taronga

Glosario

autobuses	vehículos públicos grandes, o históricamente, coches tirados por caballos
barrios pobres	partes de una ciudad en las que muchas personas, especialmente los pobres, viven generalmente atestados y en condiciones de deterioro
bolsa de valores	lugar donde se compran y venden acciones y bonos
cosmopolita	abierta a todas las influencias de todas partes del mundo
emigrar	dejar un país o región para establecerse en otro
étnico	relativo a razas o a grandes grupos de personas clasificados según sus características o costumbres comunes
exportar	enviar mercancías de un país a otro para la venta y el uso
financiero	relativo a las finanzas o recursos monetarios
importar	recibir mercancías de otro país para la venta o uso
industria manufacturera	industria que fabrica algo a partir de materias primas
inmigrantes	personas que se trasladan a un país para residir allí permanentemente
metrópoli	ciudad principal de un estado, país o región
monorriel	ferrocarril con un solo riel
multicultural	relativo a una mezcla de varias culturas distintas
penal	relativo al castigo o condena
pueblos aborígenes	los primeros pueblos de un país
zona metropolitana	zona compuesta por una gran ciudad, así como las ciudades y pueblos que la rodean

Índice